Impressum
Verlag: BABADADA GmbH, Nedderfeld 112 , 22529 Hamburg
Geschäftsführer / Verlagsleitung: Harald Hof
Druck: Books on Demand GmbH, In de Tarpen 42, 22848 Norderstedt

Imprint
Publisher: BABADADA GmbH, Nedderfeld 112 , 22529 Hamburg, Germany
Managing Director / Publishing direction: Harald Hof
Print: Books on Demand GmbH, In de Tarpen 42, 22848 Norderstedt, Germany

delen
dividir

186/2

de Klassenstuuv
el aula

de Tafel
la pizarra

de S
el p

de Schoolmeester
el maestro/a

dat Papeer
el papel

schrieven
escribir

de Sticken
el bolígrafo

de Schrievdisch
el escritoria

dat Lienholt
la regla

dat Book
el libro

de Schöler
el alumno/a

de Ranzel

la cartera

de Feddermapp

la caja de lápices

de Bleesticken

el lápiz

de Scharpmaker

el sacapuntas

dat Radeergummi

la goma de borrar

de Tekenblock

el cuaderno de dibujo

de Teken
el dibujo

de Pinsel
el pincel

de Malkassen
la caja de pinturas

de Scheer
las tijeras

de Klever
el pegamento

dat Heft to'n Öven
el cuaderno de ejercicios

de Huusopgaav
los deberes

de Tall
el número

tohooptellen
sumar

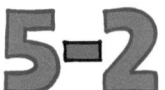

aftrecken
restar

malnehmen
multiplicar

reken
calcular

de Bookstaav
la letra

dat ABC
el alfabeto

dat Woort
la palabra

de Text
....
el texto

lesen
....
leer

de Kried
....
la tiza

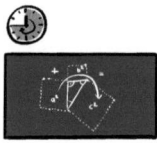

de Stunn
....
la lección

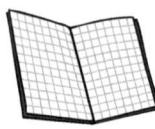

dat Klassenbook
....
el cuaderno de notas

de Pröven
....
el examen

dat Tüügnis
....
el certificado

de Schooluniform
....
el uniforme

de Utbillen
....
la educación

dat Nakieksel
....
la enciclopedia

de Universität
....
la universidad

dat Mikroskop
....
el microscopio

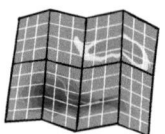

de Koort
....
el mapa

de Papeerkorf
....
la papelera

el viaje

dat Hotel
el hotel
Grand
de Harbarg
el albergue
ROOMS
EXCHANGE
e Wesselstuuv
oficina de cambio de divisas
de Kuffer
la maleta
dat Auto
el coche

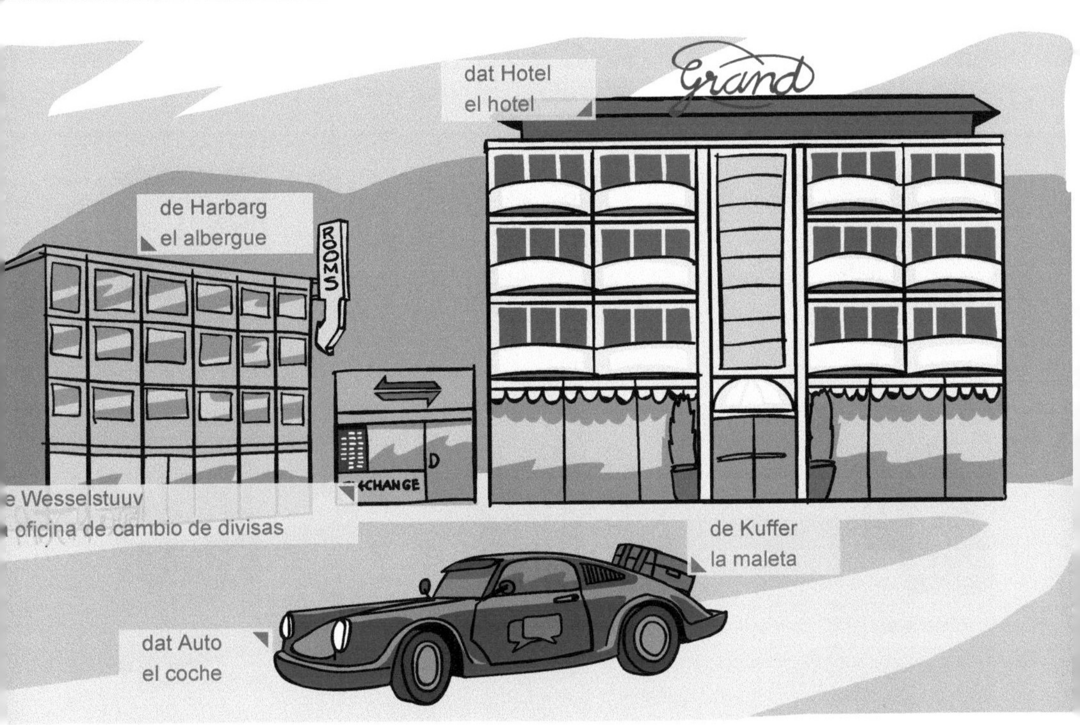

de Spraak

el idioma

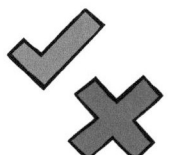

jo / ne

sí / no

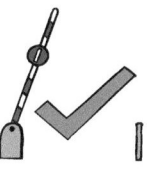

Jo

Vale

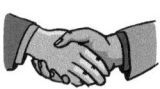

Moin

hola

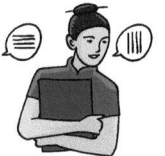

de Översetter

el traductor

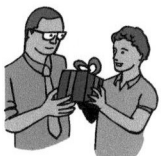

Dank ok

Gracias

Wat kost...?

¿cuánto es...?

Ik verstah nich

No entiendo

dat Problem

el problema

Goden Avend

¡Buenas tardes!

Moin!

¡Buenos días!

Gode Nacht!

¡Buenas noches!

Tschüüs

adiós

de Richt

la dirección

de Bagaasch

el equipaje

de Tasch

la bolsa

de Rüchsack

la mochila

de Gast

el invitado

de Stuuv

la habitación

de Slaapsack

el saco de dormir

dat Telt

la tienda de campaña

e Touristeninformatschoon

la información turística

de Strand

la playa

de Kreditkoort

la tarjeta de crédito

dat Fröhstück

el desayuno

dat Meddageten

el almuerzo

dat Avendeten

la cena

de Fohrkort

el billete

de Fohrstohl

el ascensor

de Breefmark

el sello

de Grenz

la frontera

de Toll

la aduana

de Bottschop

la embajada

dat Visum

la visa

de Pass

el pasaporte

el transporte

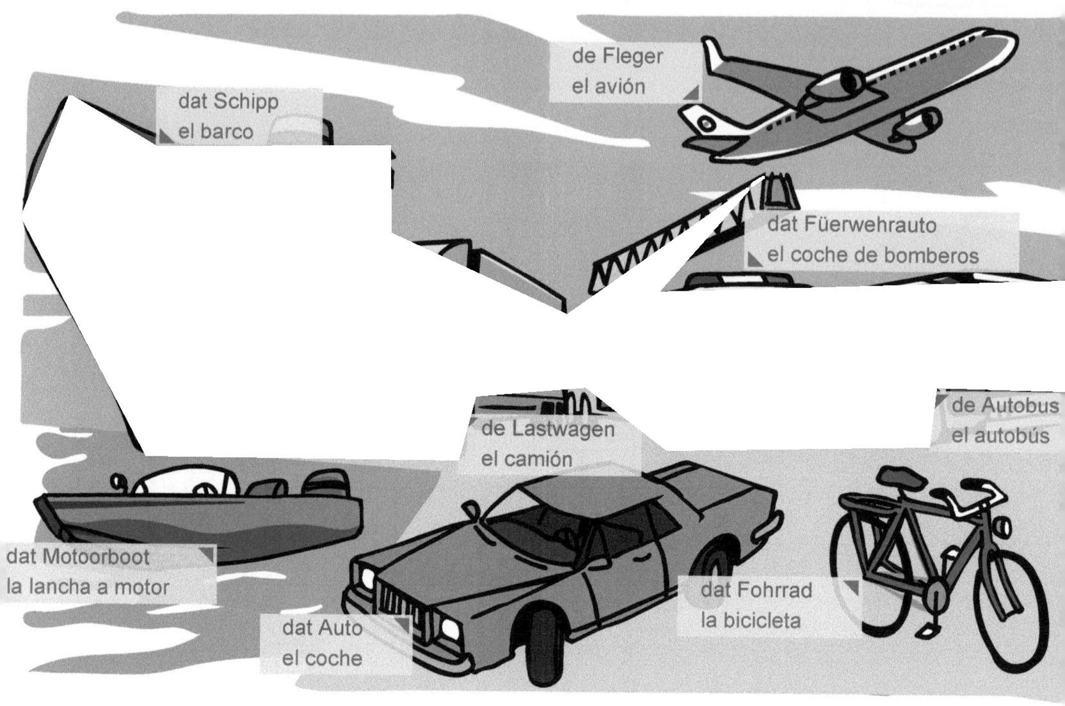
de Fleger
el avión
dat Schipp
el barco
dat Füerwehrauto
el coche de bomberos
de Lastwagen
el camión
de Autobus
el autobús
dat Motoorboot
la lancha a motor
dat Auto
el coche
dat Fohrrad
la bicicleta

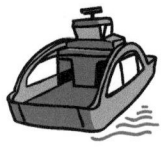

de Fähr

el transbordador

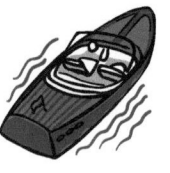

dat Boot

la barca

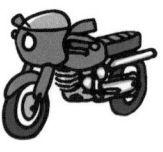

dat Motoorrad

la moto

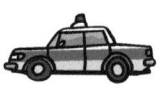

dat Polizeiauto

el coche de policía

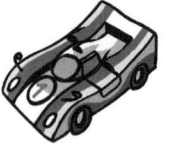

dat Rönnauto

el coche de carreras

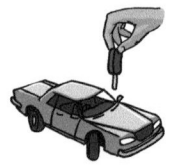

de Lehnwagen

el coche de alquiler

dat Carsharing

el préstamo de vehículos

de Afsleepwagen

la grúa

dat Müllauto

el camión de la basura

de Motoor

el motor

de Kraftstoff

la gasolina

de Tanksteed

la gasolinera

dat Verkehrsschild

la señal de tráfico

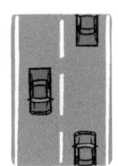

de Verkehr

el tráfico

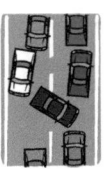

de Stau

el atasco

de Afstellplatz

el aparcamiento

de Bahnhoff

la estación de tren

de Sporen

las vías

de Tog

el tren

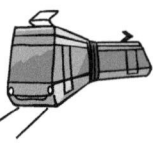

de Stratenbahn

el tranvía

de Wagon

el vagón

de Dwarsmöhl

el helicóptero

de Flooghaven

el aeropuerto

de Tower

la torre

de Fohrgast

el pasajero

de Grootkist

el contenedor

de Karton

la caja de cartón

de Koor

la carretilla

de Korf

la cesta

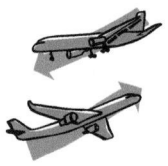

starten / lannen

despegar / aterrizar

la ciudad

dat Dörp

el pueblo

de Binnenstadt

el centro de la ciudad

dat Huus

la casa

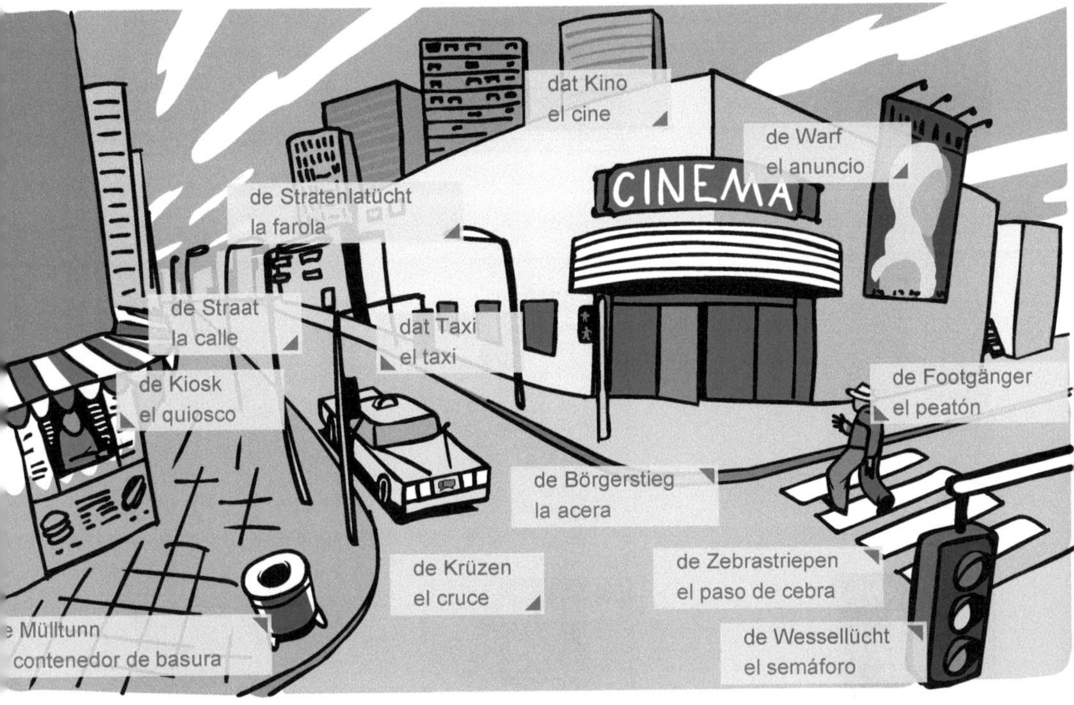

dat Kino
el cine

de Warf
el anuncio

de Stratenlatücht
la farola

de Straat
la calle

dat Taxi
el taxi

de Kiosk
el quiosco

de Footgänger
el peatón

de Börgerstieg
la acera

de Krüzen
el cruce

de Zebrastriepen
el paso de cebra

e Mülltunn
contenedor de basura

de Wessellücht
el semáforo

CINEMA

de Hütt
....
la cabaña

de Wahnung
....
el apartamento

de Bahnhoff
....
la estación de tren

dat Raathuus
....
el ayuntamiento

dat Museum
....
el museo

de School
....
la escuela

de Universität

la universidad

de Bank

el banco

dat Krankenhuus

el hospital

dat Hotel

el hotel

de Afteek

la farmacia

dat Büro

la oficina

de Bookhökerie

la librería

de Hökerie

la tienda de campaña

de Blomenhökerie

la floristería

de Supermarkt

el supermercado

de Markt

el mercado

dat Koophuus

los grandes almacenes

de Fischhökerie

la pescadería

dat Inkoopszentrum

el centro comercial

de Haven

el puerto

de Parkanlaag

el parque

de Bank

el banco

de Brüch

el puente

de Trepp

las escaleras

de Ünnergrundbahn

el metro

de Tunnel

el túnel

de Busstoppsteed

la parada de autobús

de Bar

el bar

dat Spieslokal

el restaurante

de Breefkassen

el buzón

dat Stratenschild

el poste indicador

de Parkklock

el parquímetro

de Deertenpark

el zoo

de Baadanstalt

la piscina

de Moschee

la mezquita

de Buernhoff

la granja

de Ümweltversmudden

la contaminación

de Karkhoff

el cementerio

de Kark

la iglesia

de Speelplatz

el patio de juego

de Tempel

el templo

el paisaje

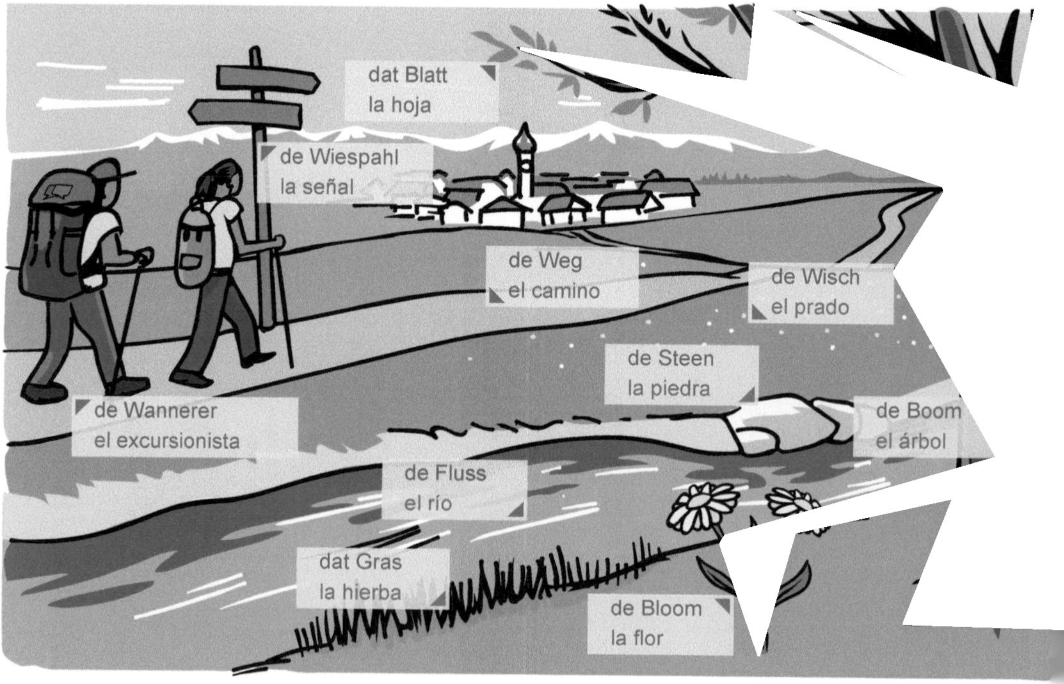

dat Blatt
la hoja

de Wiespahl
la señal

de Weg
el camino

de Wisch
el prado

de Steen
la piedra

de Boom
el árbol

de Wannerer
el excursionista

de Fluss
el río

dat Gras
la hierba

de Bloom
la flor

dat Daal

el valle

de Barg

la colina

de See

el lago

dat Holt

el bosque

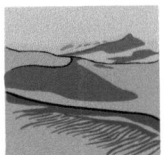

de Wööst

el desierto

de Füerspien Barg

el volcán

dat Slott

el castillo

de Regenbagen

el arcoíris

de Poggenstohl

el champiñón

de Palm

la palmera

de Steekmück

el mosquito

de Fleeg

la mosca

de Miegeemk

la hormiga

de Imm

la abeja

de Spinn

la araña

de Sebber

el escarabajo

de Pogg

la rana

de Katteker

la ardilla

de Swienegel

el erizo

de Haas

la liebre

de Uul

la lechuza

de Vagel

el pájaro

de Swaan

el cisne

dat Wildswien

el jabalí

de Hirsch

el ciervo

de Elk

el alce

de Staudamm

la presa

dat Windrad

la turbina eólica

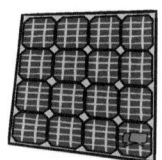

dat Solarmodul

el panel solar

dat Klima

el clima

el restaurante

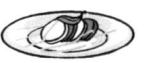

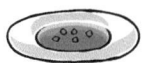

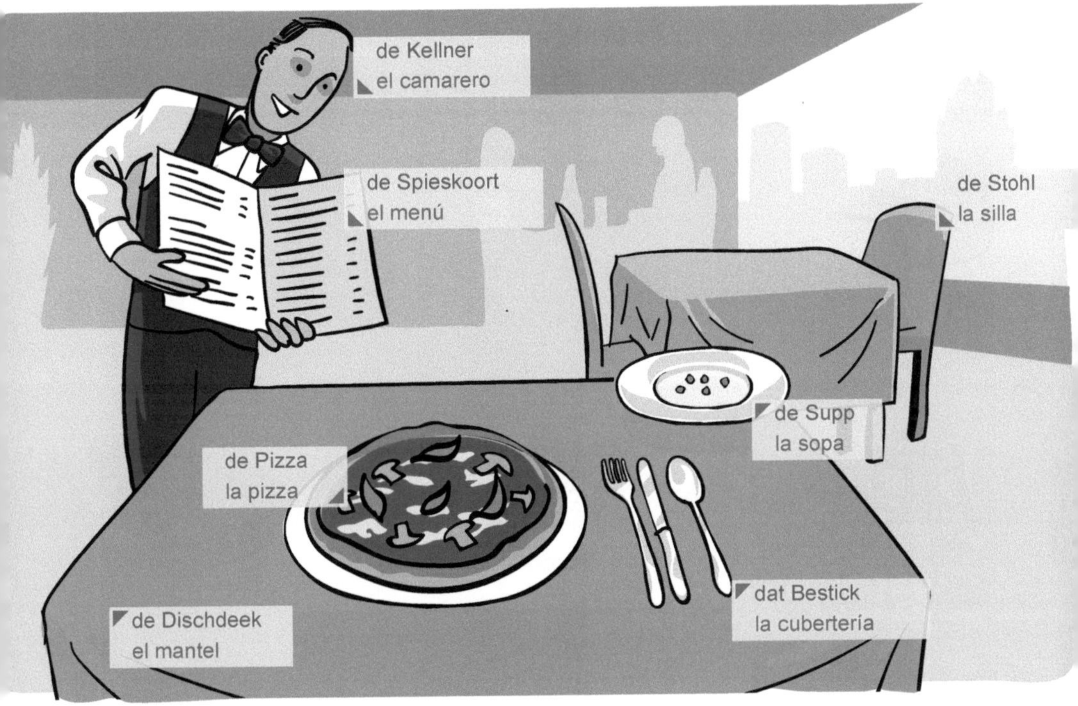
de Kellner
el camarero
de Spieskoort
el menú
de Stohl
la silla
de Supp
la sopa
de Pizza
la pizza
dat Bestick
la cubertería
de Dischdeek
el mantel

de Vörspies

el primer plato

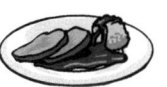

dat Haupteten

el plato principal

de Nadisch

el postre

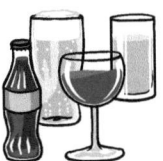

de Drünk

las bebidas

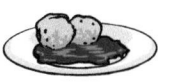

dat Eten

la comida

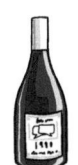

de Buddel

la botella

dat Fastfood

la comida rápida

dat Strateneten

la comida callejera

de Teekann

la tetera

de Zuckerdoos

el azucarero

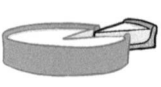

de Portschoon

la porción

de Espressomaschien

la cafetera expreso

de Hoochstohl

la trona

de Reken

la cuenta

dat Tablett

la bandeja

dat Mess

el cuchillo

de Gavel

el tenedor

de Lepel

la cuchara

de Teelepel

la cucharilla

dat Munddook

la servilleta

dat Glas

el vaso

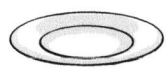

de Töller

el plato

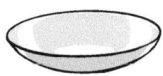

de Suppentöller

el plato hondo

de Ünnertass

el platillo

de Sooß

la salsa

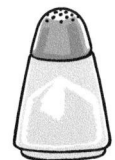

de Soltstreuer

el salero

de Pepermöhl

el molinillo de pimienta

de Etig

el vinagre

dat Ööl

el aceite

de Krüder

las especias

de Ketchup

el ketchup

de Mostrich

la mostaza

de Mayonnaise

la mayonesa

el supermercado

dat Anbott
la oferta especial
FOR
de Kunn
el cliente
de Melkprodukten
los lácteos
dat Aaft
la fruta
de Inkoopswagen
el carro de compra

BUTCHERS

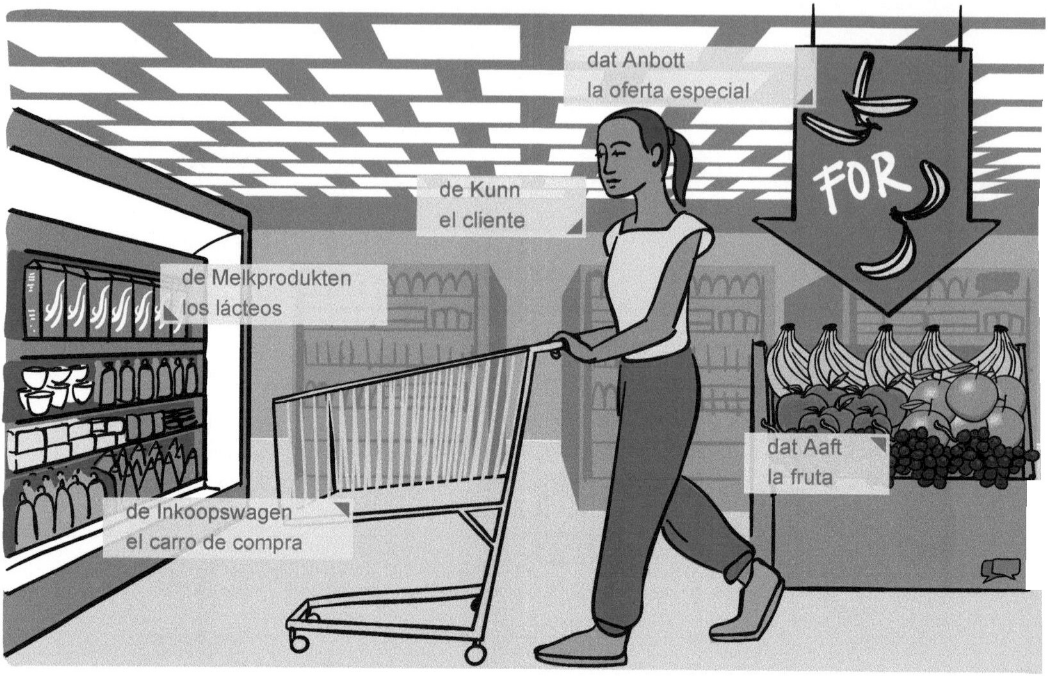

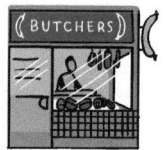

de Slachterie

la carniceria

BAKERY

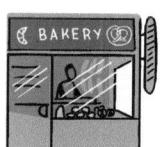

de Bäckerie

la panadería

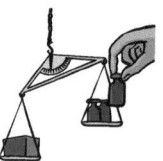

wegen

pesar

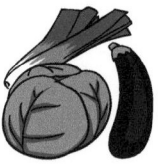

de Gröönsaken

las verduras

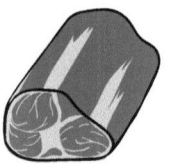

dat Fleesch

la carne

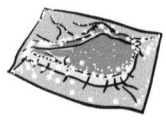

de Deepköhlkost

los alimentos congelados

de Opsnitt

los fiambres

de Konserven

las conservas

de Waschmiddel

el detergente en polvo

de Snoopkraam

los dulces

de Huushooltssaken

productos de uso doméstico

de Reinmaaktüüch

productos de limpieza

de Verköpersche

la vendedora

de Kass

la caja de cartón

de Kasserer

el cajero

de Inkoopslist

la lista de la compra

de Opsparrtieden

el horario de atención al público

de Breeftasch

la cartera

de Kreditkoort

la tarjeta de crédito

de Tasch

la bolsa de plástico

de Plastiktüüt

la bolsa de plástico

dat Water

el agua

de Saft

el zumo

de Melk

la leche

de Cola

la cola

de Wien

el vino

dat Beer

la cerveza

de Spriet

el alcohol

de Kakao

el cacao

de Tee

el té

de Koffie

el café

de Espresso

el expreso

de Cappucino

el capuchino

de Banaan

el plátano

de Appel

la manzana

de Appelsien

la naranja

de Meloon

el melón

de Zitroon

el limón

de Wöttel

la zanahoria

de Knuuvlook

el ajo

de Bambus

el bambú

de Zibbel

la cebolla

de Poggenstohl

el champiñón

de Nööt

las avellanas

de Nudeln

los fideos

de Spaghetti

las espagueti

de Ries

el arroz

de Salat

la ensalada

de Pommes frites

las patatas fritas

de Braadkantüffeln

las patatas fritas

de Pizza

la pizza

de Hamborger

la hamburguesa

dat Sandwich

el sándwich

dat Snitzel

el filete

de Schinken

el jamón

de Salami

le salami

de Wust

la salchicha

dat Hohn

el pollo

de Braden

el asado

de Fisch

el pescado

de Haverflocken

los copos de avena

dat Müsli

el muesli

de Cornflakes

los copos de maíz

dat Mehl

la harina

de Croissant

el cruasán

dat Rundstück

el panecillo

dat Broot

el pan

dat Toast

la tostada

de Keksen

las galletas

de Botter

la mantequilla

de Quark

la cuajada

de Koken

el pastel

dat Ei

el huevo

dat Spegelei

el huevo frito

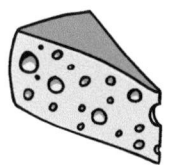

de Kees

el queso

de Ies

el helado

de Zucker

el azúcar

de Honnig

la miel

de Marmelaad

la mermelada

de Nougat-Creme

la crema de turrón

dat Curry

el curry

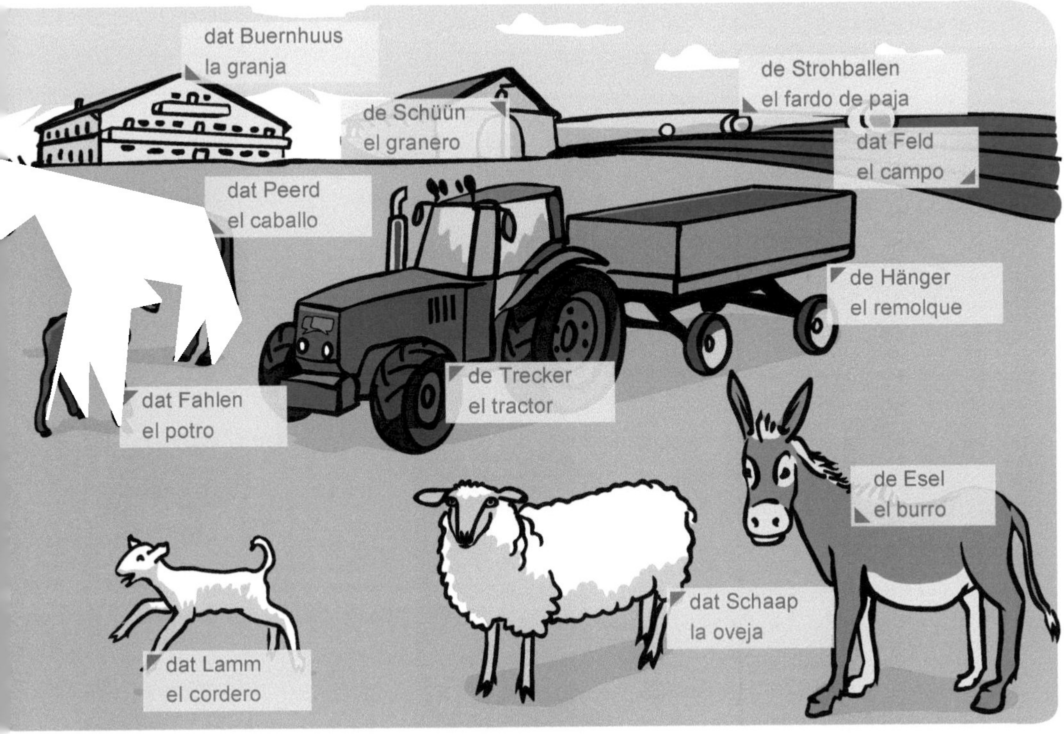

dat Buernhuus
la granja

de Schüün
el granero

de Strohballen
el fardo de paja

dat Feld
el campo

dat Peerd
el caballo

de Hänger
el remolque

dat Fahlen
el potro

de Trecker
el tractor

de Esel
el burro

dat Schaap
la oveja

dat Lamm
el cordero

de Zeeg

la cabra

de Koh

la vaca

dat Kalf

el ternero

dat Swien

el cerdo

dat Farken

el cerdito

de Bull

el toro

de Goos

el ganso

de Aant

el pato

dat Küken

el pollo

dat Hohn

la gallina

de Hahn

el gallo

de Rott

la rata

de Katt

el gato

de Muus

el ratón

de Oss

el buey

de Hund

el perro

de Hunnenhütt

la perrera

de Goornslauch

la manguera

de Geetkann

la regadera

de Lee

la guadaña

de Ploog

el arado

de Sich

la hoz

de Hack

la azada

de Mestfork

la horca

de Ext

el hacha

de Schuufkoor

la carretilla

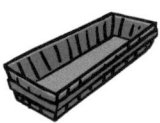

de Trog

el abrevadero

de Melkkann

la lechera

de Sack

el saco

de Tuun

la valla

de Stall

el establo

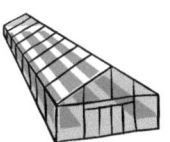

dat Drievhuus

el invernadero

de Bodden

el suelo

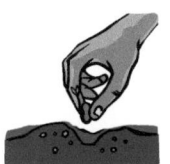

de Saat

la semilla

de Dünger

el fertilizador

de Meihdöscher

la cosechadora

oornen

cosechar

de Oorn

la cosecha

de Yamswöttel

el ñame

de Weten

el trigo

dat Soja

el soja

de Kantüffel

la patata

de Törksche Weten

el maíz

de Rapp

la semilla de colza

de Aaftboom

el árbol frutal

de Troopsch Kantüffel

la mandioca

dat Koorn

las cereales

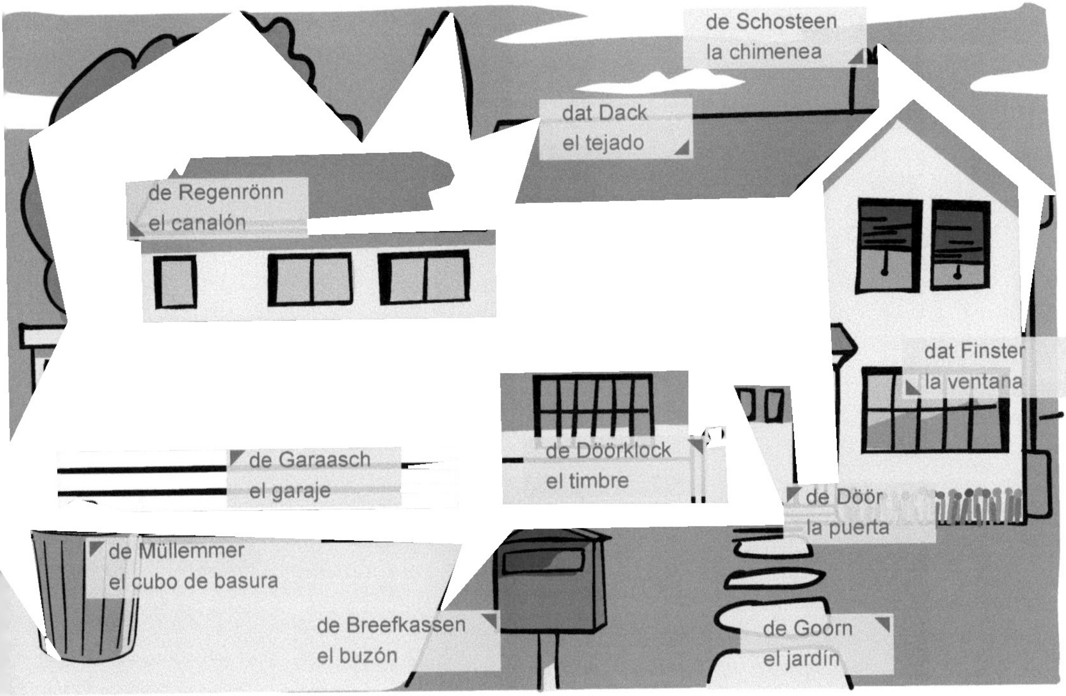

de Schosteen
la chimenea

dat Dack
el tejado

de Regenrönn
el canalón

dat Finster
la ventana

de Garaasch
el garaje

de Döörklock
el timbre

de Döör
la puerta

de Müllemmer
el cubo de basura

de Breefkassen
el buzón

de Goorn
el jardín

de Wahnstuuv

la sala

de Baadstuuv

el cuarto de baño

de Köök

la cocina

de Slaapstuuv

el dormitorio

de Kinnerstuuv

la habitación de los niños

de Eetstuuv

el comedor

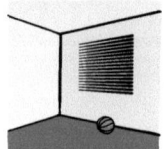

de Footbodden

el suelo

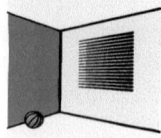

de Wand

la pared

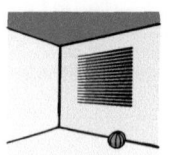

de Deek

el techo

de Keller

el sótano

dat Hittluftbad

la sauna

de Balkon

el balcón

de Terrass

la terraza

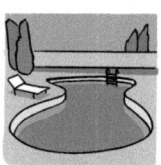

dat Swümmbad

la piscina

de Rasenmeiher

el cortacésped

de Bettbetog

la sábana

de Bettdeek

la colcha

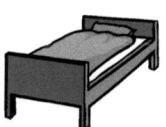

de Puuch

la cama

de Bessen

la escoba

de Emmer

el balde

de Schalter

el interruptor

de Tapeet
el papel pintado

dat Bild
la imagen

de Lamp
la lámpara

dat Regal
el estante

dat Schapp
el armario

de Kiekkassen
la televisión

min
henea

de Bloom
la flor

dat Küssen
el cojín

dat Sofa
el sofá

de Vaas
el jarrón

de Feernbedenen
el mando a distancia

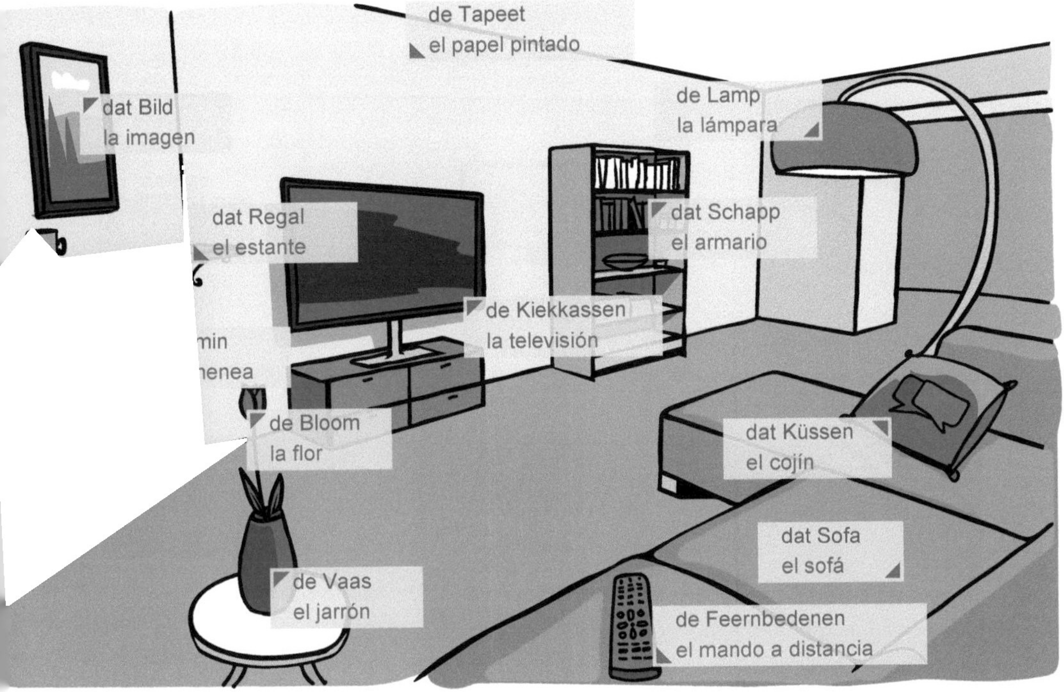

de Teppich
la alfombra

de Vörhang
la cortina

de Disch
la mesa

de Stohl
la silla

de Schuckelstohl
el mecedora

de Sessel
la butaca

dat Book
el libro

de Deek
la manta

de Dekoratschoon
la decoración

dat Füerholt
la leña

de Film
la película

de Stereoanlaag
el equipo de música

de Slötel
la llave

dat Narichtenblatt
el periódico

dat Gemälde
la pintura

dat Poster
el póster

dat Radio
la radio

de Opschrievblock
el cuaderno

de Huulbessen
la aspiradora

de Kaktus
el cactus

de Kars
la vela

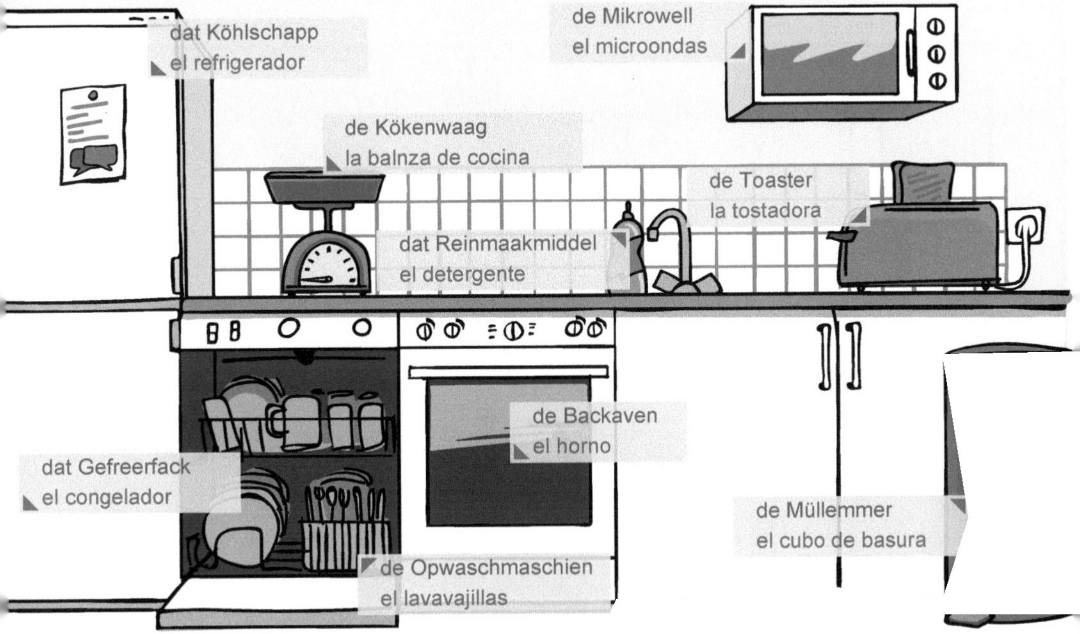

dat Köhlschapp
el refrigerador

de Mikrowell
el microondas

de Kökenwaag
la balnza de cocina

dat Reinmaakmiddel
el detergente

de Toaster
la tostadora

dat Gefreerfack
el congelador

de Backaven
el horno

de Müllemmer
el cubo de basura

de Opwaschmaschien
el lavavajillas

de Heerd

la olla a presión

de Pott

la olla

de Gussiesern Putt

la olla de hierro fundido

de Wok / Kadai

el wok

de Pann

la cazuela

de Waterkaker

el hervidor

de Dampkaakputt

la vaporera

dat Backblick

la chapa de horno

dat Geschirr

la vajilla

de Beker

la taza

de Schaal

el tazón

de Eetsticken

los palillos

de Suppenkell

el cucharón

de Pannenwenner

la espumadera

de Sneebessen

el batidor

dat Kaakseef

el colador

dat Seef

el cedazo

de Riev

el rallador

de Mörser

el mortero

de Grill

la barbacoa

de Füerstell

la hoguera

dat Sniedbrett

la tabla de picar

dat Nudelholt

el rodillo

de Proppentrecker

el sacacorchos

de Doos

la lata

de Dosenaapner

el abrelatas

de Pottlappen

el agarrador

dat Waschbecken

el lavabo

de Böst

el cepillo

de Swamm

la esponja

de Mixer

la batidora

dat Iesschapp

el congelador

de Nuckelbuddel

el biberón

de Waterhahn

el grifo

el cuarto de baño

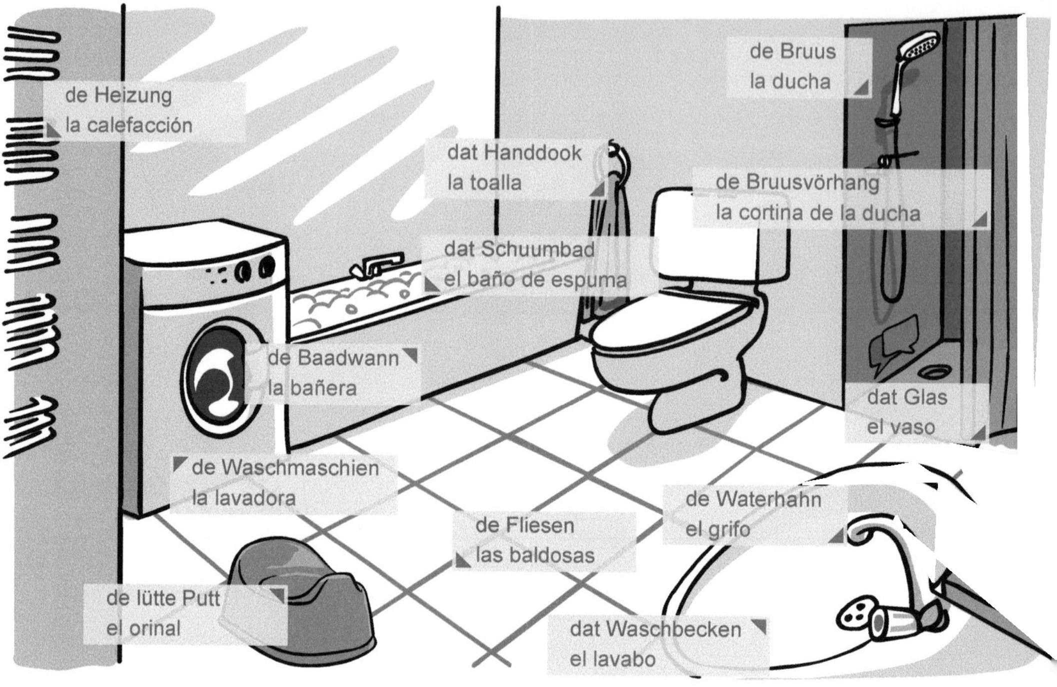

de Heizung
la calefacción
dat Handdook
la toalla
de Bruus
la ducha
de Bruusvörhang
la cortina de la ducha
dat Schuumbad
el baño de espuma
de Baadwann
la bañera
dat Glas
el vaso
de Waschmaschien
la lavadora
de Waterhahn
el grifo
de Fliesen
las baldosas
de lütte Putt
el orinal
dat Waschbecken
el lavabo

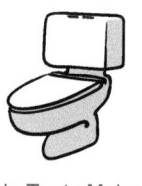

de Tante Meier

el inodoro

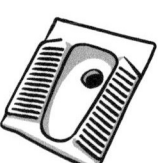

de Hockklo

el inodoro rústico

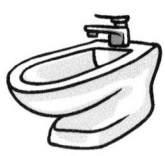

dat Bidet

el bidé

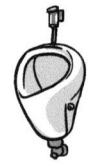

dat Miegbecken

el urinario

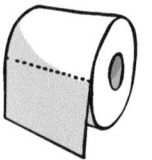

dat Klopapeer

el papel higiénico

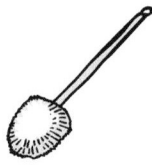

de Kloböst

la escobilla del váter

de Tähnböst

el cepillo de dientes

de Tähnpast

la pasta de dientes

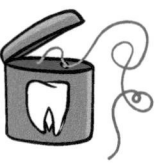

de Tähnsied

el hilo dental

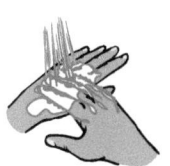

waschen

lavar

de Handbruus

la ducha de mano

de Intimbruus

la ducha íntima

de Waschschöttel

la pila

de Rüchböst

el cepillo de espalda

de Seep

el jabón

dat Bruusgeel

el gel de ducha

dat Hoorwaschmiddel

el champú

de Waschlappen

la toallita

de Afloop

el desagüe

de Creme

la crema

dat Deodorant

el desodorante

de Spegel

el espejo

de Kosmetikspegel

el espejo de tocador

de Raserer

la maquinilla de afeitar

de Raseerschuum

la espuma de afeitar

dat Raseerwater

la loción postafeitado

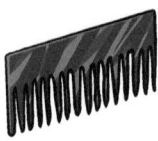

de Kamm

el peine

de Böst

el cepillo

de Hoordröger

el secador

dat Hoorspray

la laca

de Smink

el maquillaje

de Lippensticken

el pintalabios

de Nagellack

el pintauñas

de Watt

el algodón

de Nagelscheer

el cortauñas

dat Rüükwater

el perfume

de Kulturbüdel

el estuche de viaje

de Schemel

la banqueta

de Waag

la balanza

de Baadmantel

el albornoz

de Gummihanschen

los guantes de goma

de Tampon

el tampón

de Damenbinn

la compresa

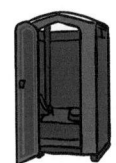

dat Chemieklo

el inodoro químico

la habitación de los niños

de Wecker
el despertador
dat Knudeldeert
el peluche
dat Speeltüüchauto
el coche de juguete
de Klöter
el sonajero
dat Poppenhuus
la casa de muñecas
dat Geschenk
el regalo

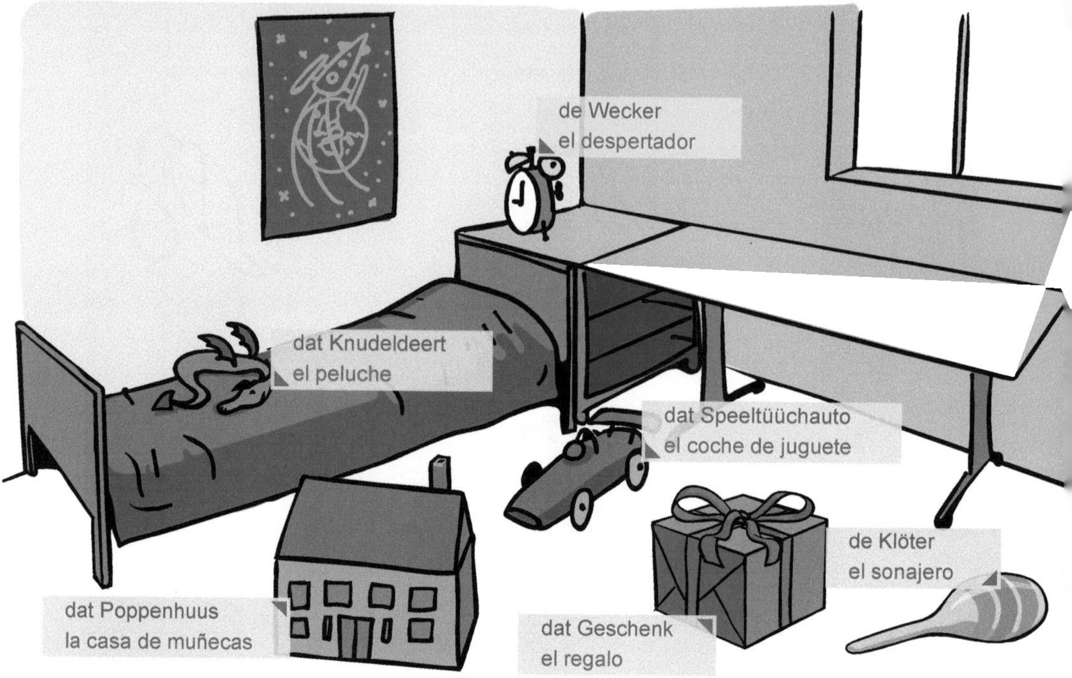

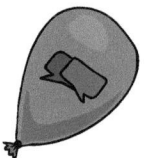

de Luftballon

el globo

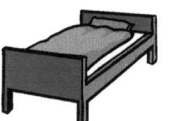

de Puuch

la cama

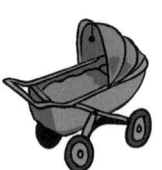

de Kinnerwagen

el coche de niño

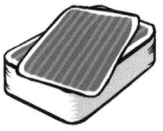

dat Koortenspeel

los naipes

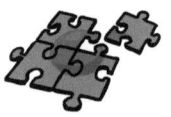

dat Puzzle

el puzle

SUPER
MEGA

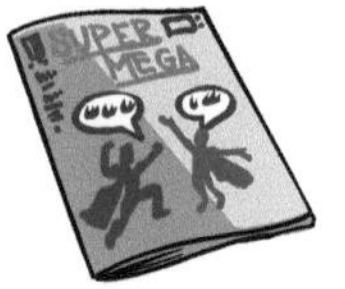

de Billergeschicht

el tebeo

de Legostenen

las piezas de lego

de Bustenen

los bloques de juguete

de Action-Figur

la figura de acción

de Strampelantog

el bodi (de bebé)

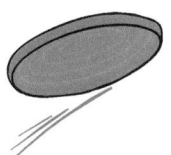

de Frisbeeschiev

el frisbee

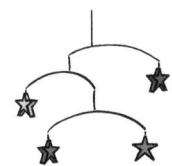

dat Mobile

el colgador móvil para bebés

dat Brettspeel

el juego de mesa

de Wörpel

los dados

de Modelliesenbahn

el circuito de tren eléctrico

de Snuller

el maniquí

de Party

la fiesta

dat Billerbook

el álbum de fotos

de Ball

la pelota

de Popp

la muñeca

spelen

jugar

de Sandkassen

el cajón de arena

de Schuckel

el columpio

dat Speeltüüch

los juguetes

de Speelkonsool

la videoconsola

dat Dreerad

el triciclo

de Teddyboor

el oso de peluche

dat Klederschapp

la guardarropa

la ropa

de Socken

los calcetines

de Strümp

las medias

de Strumpbüx

los leotardos

dat Halsdook
la bufanda

de Paraplü
el paraguas

dat T-Shirt
la camiseta

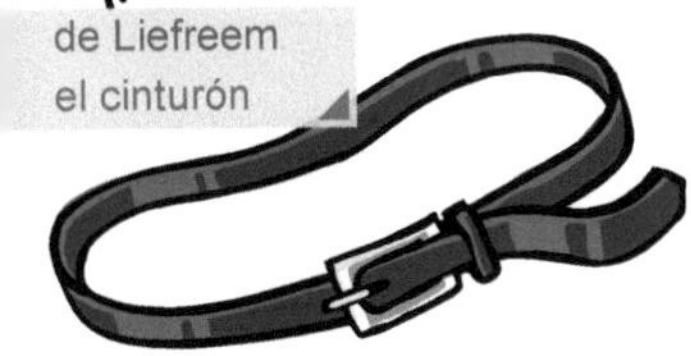

de Liefreem
el cinturón

de Stevel
las botas

de Puuschen
las zapatillas

de Turnschoh
las deportivas

de Sandalen
....
las sandalias

de Schoh
....
los zapatos

de Gummistevel
....
las botas de goma

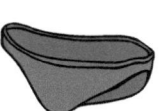

de Ünnerbüx
....
el slip

de Bostholler
....
el sostén

dat Ünnerhemd
....
el chaleco

de Lief

el bodi

de Büx

los pantalones cortos

de Jeansnüx

los vaqueros

de Rock

la falda

de Bluus

la blusa

dat Hemd

la camisa

de Pullover

el jersey

de Kapuzenpullover

el suéter

de Blazer

el blazer

de Jack

la chaqueta

de Mantel

el abrigo

de Övertrecker

la gabardina

dat Kostüm

el traje

dat Kleed

el vestido

dat Hochtietskleed

el vestido de novia

de Antog

el traje

dat Nachtkleed

el camisón

de Slaapantog

el pijama

de Sari

el sati

dat Koppdook

el bandana

de Turban

el turbante

de Burka

la burka

de Kaftan

el caftán

de Abaya

la abaya

de Baadantog

el traje de baño

de Baadbüx

el bañador

de Korte Büx

los pantalones cortos

de Antog to'n Öven

el chándal

de Schört

el delantal

de Handschoh

los guantes

de Knopp

el botón

de Brill

las gafas

dat Armband

el brazalete

de Halskeed

el collar

de Ring

el anillo

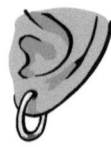

de Ohrbummel

el pendiente

de Mütz

la gorra

de Klederbögel

la percha

de Hoot

el sombrero

de Binner

la corbata

de Rietslüter

la cremallera

de Helm

el casco

dat Drachtband

los tirantes

de Schooluniform

el uniforme

de Uniform

el uniforme

de Severböten
....
el babero

de Snuller
....
el maniquí

de Winnel
....
el pañal

la oficina

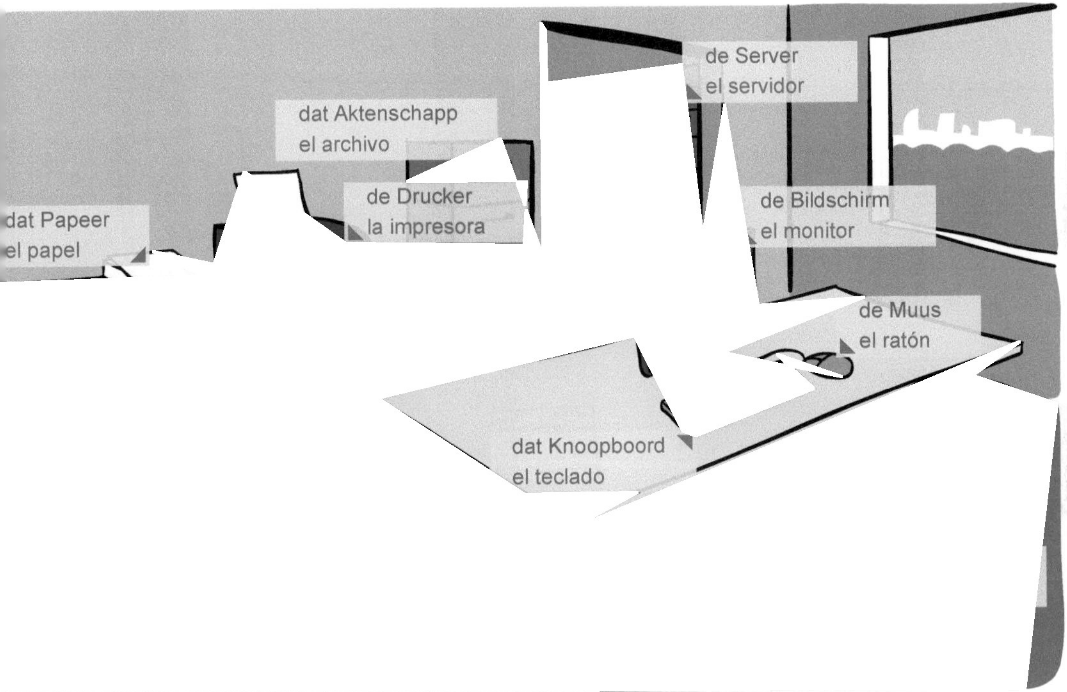

de Server
el servidor

dat Aktenschapp
el archivo

de Drucker
la impresora

de Bildschirm
el monitor

dat Papeer
el papel

de Muus
el ratón

dat Knoopboord
el teclado

de Koffiebeker
....
la taza de café

de Taschenreekner
....
la calculadora

dat Internet
....
el internet

de Klappreekner

el portátil

de Breef

la carta

de Naricht

el mensaje

de Ackersnacker

el móvil

dat Nettwark

la red

de Kopeerapparat

la fotocopiadora

de Software

el software

de Klöönkassen

el teléfono

de Steekdoos

la toma de corriente

de Faxapparat

el fax

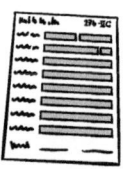

dat Formulor

el formulario

dat Dokument

el documento

köpen
comprar

betahlen
pagar

hanneln
comerciar

dat Geld
el dinero

 **USD**

de Dollar
el dólar

 **EUR**

de Euro
el euro

 **JPY**

de Yen
el yen

RUB

de Ruvel
el rublo

CHF

de Swiezer Franken
el franco suizo

CNY

de Renminbi Yuan
el renminbi yuan

INR

de Rupie
la rupia

de Geldautomat
el cajero automático

de Wesselstuuv
....
la oficina de cambio de
divisas

dat Gold
....
el oro

dat Sülver
....
la plata

dat Ööl
....
el petróleo

de Energie
....
la energía

de Pries
....
el precio

de Verdrag
....
el contrato

de Stüer
....
el impuesto

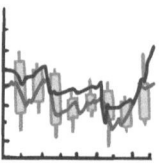

de Andeelschien
....
la acción

arbeiden
....
trabajar

de Anstellte
....
el empleador

de Arbeitgever
....
el empleador

de Fabrik
....
la fábrica

de Hökerie
....
la tienda de campaña

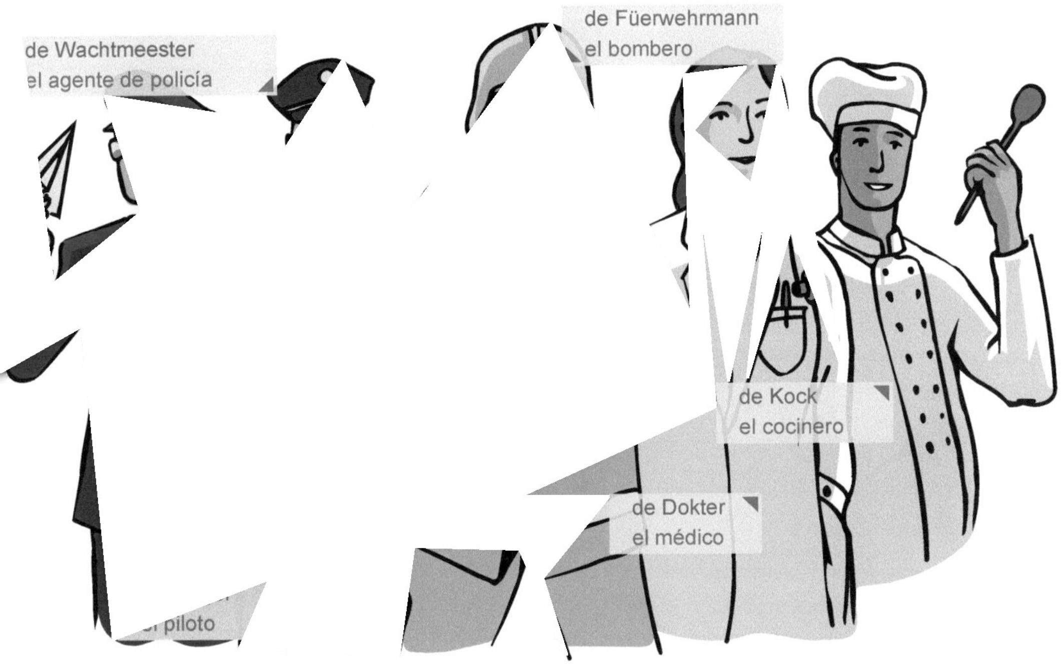

de Wachtmeester
el agente de policía

de Füerwehrmann
el bombero

de Kock
el cocinero

de Dokter
el médico

el piloto

de Goorner

el jardinero

de Discher

el carpintero

de Neihersche

la costurera

de Richter

el juez

de Chemiker

el farmacéutico

de Schauspeler

el actor

de Busfohrer

el conductor de autobús

de Taxifohrer

el taxista

de Fischer

el pescador

de Reinmaakfru

la señora de la limpieza

de Dackdecker

el techador

de Kellner

el camarero

de Jäger

el cazador

de Maler

el pintor

de Bäcker

el panadero

de Elektriker

el electricista

de Buarbeider

el obrero

de Ingenieur

el ingeniero

de Slachter

el carnicero

de Klempner

el fontanero

de Postbüdel

el cartero

de Suldat

el soldado

de Architekt

el arquitecto

de Kasserer

el cajero

de Florist

el florista

de Putzbüdel

el peluquero

de Schaffner

el revisor

de Mechaniker

el mecánico

de Kaptein

el capitán

de Tähndokter

el dentista

de Wetenschopler

el científico

de Rabbi

el rabino

de Imam

el imán

de Mönk

el monje

de Paap

el sacerdote

las herramientas

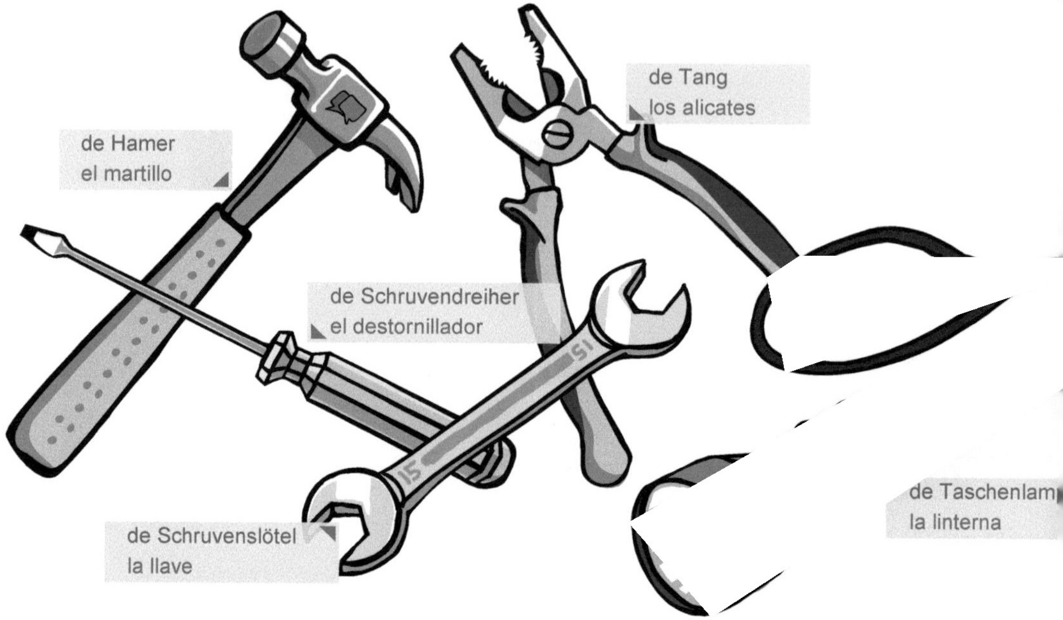
de Tang
los alicates
de Hamer
el martillo
de Schruvendreiher
el destornillador
de Taschenlam
la linterna
de Schruvenslötel
la llave

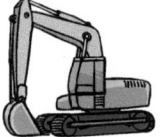

de Grieper

la excavadora

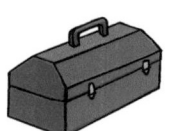

de Warktüüchkassen

la caja de herramientas

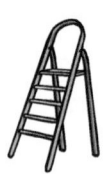

de Ledder

la escalera de mano

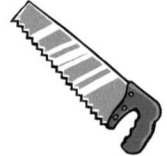

de Saag

la sierra

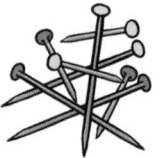

de Nagels

los clavos

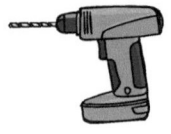

de Bohrer

el taladro

heelmaken

reparar

de Schüffel

la pala

Schiet!

¡Maldita sea!

dat Kehrblick

el recogedor

de Farvpott

el bote de pintura

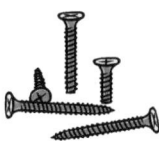

de Schruven

los tornillos

los instrumentos musicales

dat Slagtüüch
la batería

de Luutsnacker
el altavoz

de Rietfiedel
la guitarra

de Bass-Vigelien
el contrabajo

de Trumpeet
la trompeta

dat Klaveer

el piano

de Vigelien

el violín

de Bass

bajo

de Pauk

los timbales

de Trummeln

el tambor

dat Keyboard

el teclado

dat Saxophon

el saxofón

de Fleut

la flauta

dat Mikrofoon

el micrófono

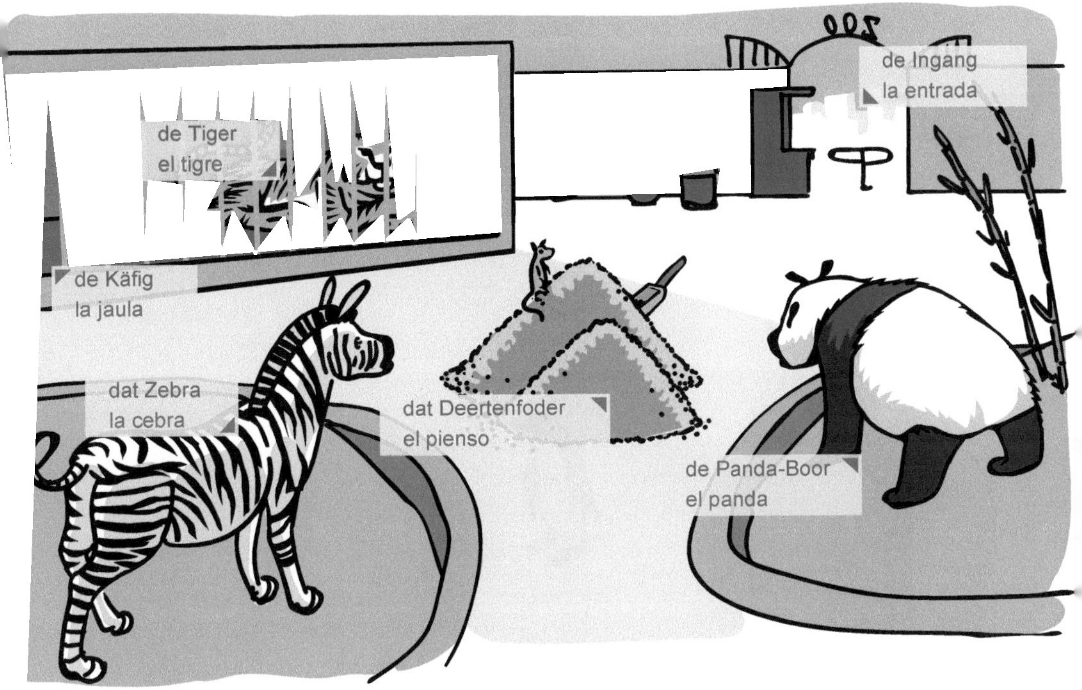

de Tiger
el tigre

de Ingang
la entrada

de Käfig
la jaula

dat Zebra
la cebra

dat Deertenfoder
el pienso

de Panda-Boor
el panda

de Deerten
los animales

de Elefant
el elefante

dat Känguru
el canguro

dat Neeshoorn
el rinoceronte

de Gorilla
el gorila

de Boor
el oso

dat Kameel

el camello

de Struuß

el avestruz

de Lööv

el león

de Aap

el mono

de Flamingo

el flamingo

de Papagoi

el loro

de Iesboor

el oso polar

de Pinguin

el pingüino

de Haifisch

el tiburón

de Pageluun

el pavo real

de Slang

la serpiente

dat Krokodil

el cocodrilo

de Oppasser in'n
Deertenpark
el guardián de zoológico

de Saalhund

la foca

de Jaguor

el jaguar

dat Pony

el poni

de Leopard

el leopardo

dat Nilpeerd

el hipopótamo

de Giraff

la jirafa

de Aadler

el águila

dat Wildswien

el jabalí

de Fisch

el pescado

de Schildkrööt

la tortuga

dat Walross

la morsa

de Voss

el zorro

de Gazell

la gacela

de Amerikaansch Football
el fútbol americano

dat Radfohren
el ciclismo

dat Tennis
el tenis

de Korfball
el baloncesto

dat Swümmen
la natación

dat Boxen
el boxeo

dat Ieshockey
el hockey sobre hielo

de Football

el fútbol

dat Fedderball

el bádminton

de Leichtathletik

el atletismo

de Handball

el balonmano

dat Skilopen

el esquí

dat Polo

el polo

springen
saltar

lachen
reír

ümarmen
abrazar

gahn
caminar

singen
cantar

drömen
soñar

beden
rezar

snuteln
besar

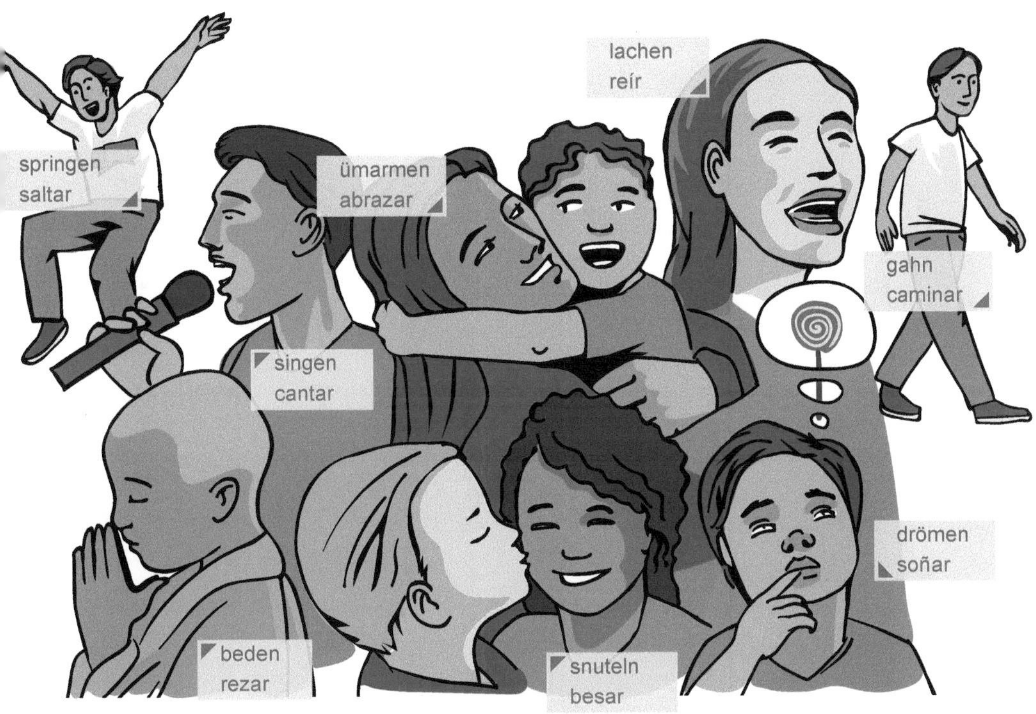

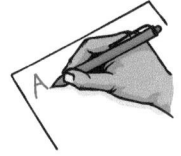

schrieven
escribir

teken
dibujar

wiesen
mostrar

drücken
empujar

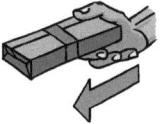

geven
dar

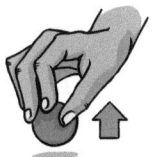

nehmen
tomar

hebben
tener

doon
hacer

sien
ser

stahn
estar de pie

lopen
correr

trecken
tirar

smieten
tirar

fallen
caer

liggen
yacer

töven
esperar

dregen
llevar

sitten
estar sentado

antrecken
vestirse

slapen
dormir

opwaken
despertar

ankieken

mirar

wenen

llorar

eien

acariciar

kämmen

peinar

snacken

hablar

verstahn

entender

fragen

preguntar

hören

escuchar

drinken

beber

eten

comer

oprümen

ordenar

leefhebben

amar

kaken

cocinar

fohren

conducir

flegen

volar

segeln

navegar

reken

calcular

lesen

leer

lehren

aprender

arbeiden

trabajar

de Plünnen tohoopsmieten

casarse

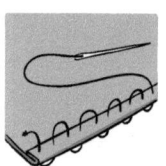

neihen

coser

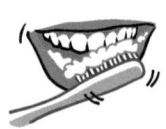

Tähnen putzen

cepillarse los dientes

dootmaken

matar

smöken

fumar

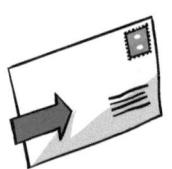

schicken

enviar

e Grootmoder
abuela

de Grootvadder
el abuelo

de Vadder
el padre

de Moder
la madre

t Winnelkind
bebé

de Dochter
la hija

de Söhn
el hijo

de Gast

el invitado

de Tant

la tía

de Unkel

el tío

de Broder

el hermano

de Süster

la hermana

el cuerpo

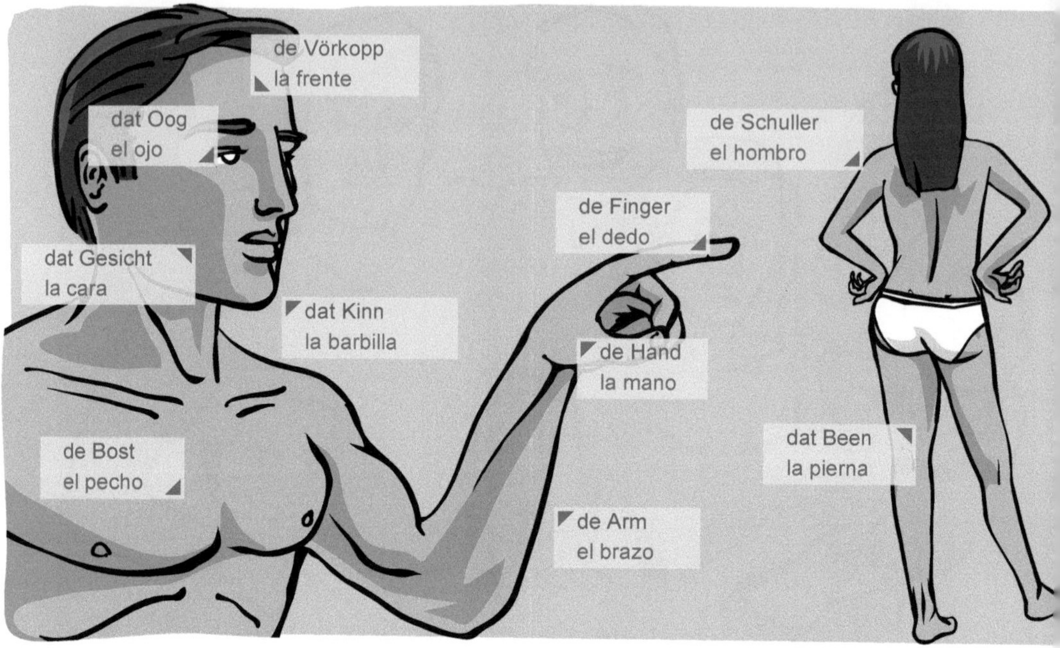

de Vörkopp
la frente

dat Oog
el ojo

de Schuller
el hombro

de Finger
el dedo

dat Gesicht
la cara

dat Kinn
la barbilla

de Hand
la mano

de Bost
el pecho

dat Been
la pierna

de Arm
el brazo

dat Winnelkind
el bebé

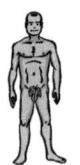

de Mann
el hombre

de Fro
la mujer

de Deern
la chica

de Jung
el chico

de Arm
la cabeza

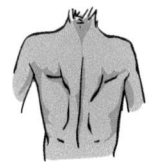

de Rüch

la espalda

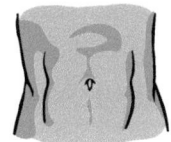

de Buuk

el vientre

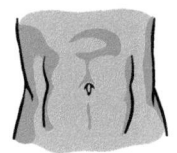

de Navel

el ombligo

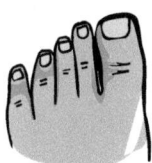

de Teh

el dedo del pie

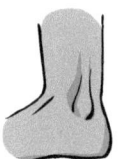

de Hack

el talón

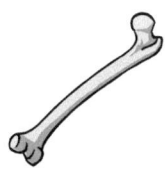

de Knaken

el hueso

de Hüft

la cadera

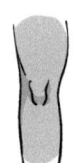

dat Knee

la rodilla

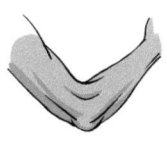

de Ellbagen

el codo

de Nees

la nariz

de Achtersen

el trasero

de Huut

la piel

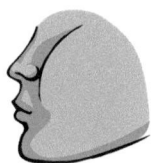

de Back

la mejilla

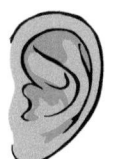

dat Ohr

el oído

de Lipp

el labio

de Mund
....
la boca

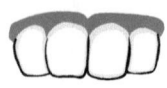

de Tähn
....
el diente

de Tung
....
la lengua

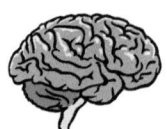

de Bregen
....
el cerebro

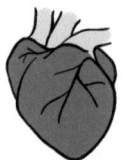

dat Hart
....
el corazón

de Muskel
....
el músculo

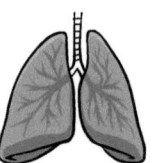

de Lung
....
el pulmón

de Lever
....
el hígado

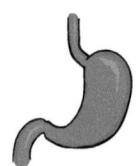

de Maag
....
el estómago

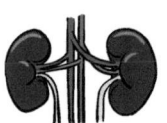

de Neren
....
los riñones

de Bislaap
....
el sexo

dat Kondoom
....
el condón

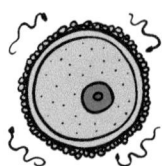

de Eizell
....
el ovario

dat Sperma
....
el semen

de Anner Ümstänn
....
el embarazo

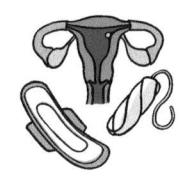

de Menstruatschoon

la menstruación

de Scheed

la vagina

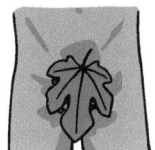

de Pint

el pene

de Ogenbroe

la ceja

dat Hoor

el pelo

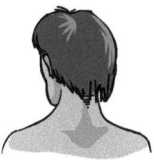

de Hals

el cuello

el hospital

dat Krankenhuus
el hospital
de Bruch
la fractura

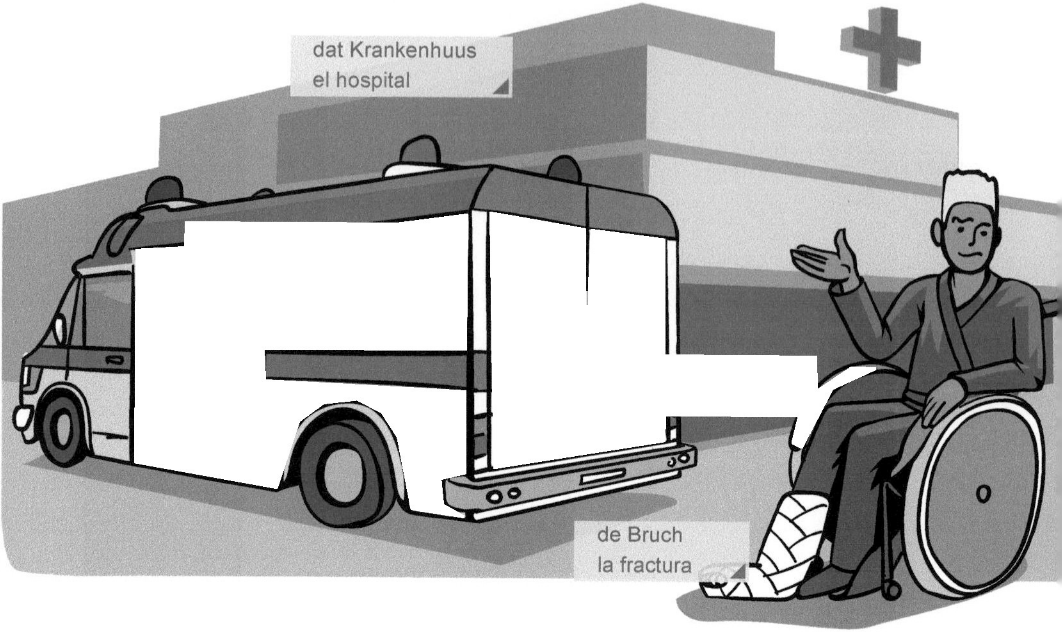

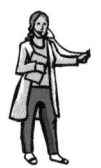

de Dokter

el médico

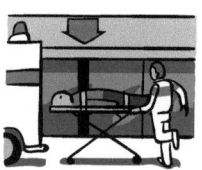

de Nootopnahm

la sala de urgencias

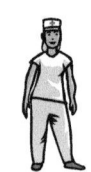

de Krankensüster

la enfermera

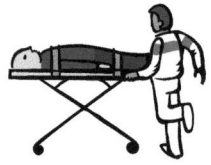

de Nootfall

la urgencia

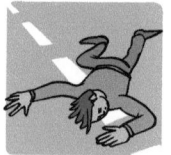

ahnmächtig

inconsciente

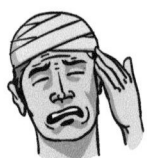

de Wehdaag

el dolor

de Verwunnen

la lesión

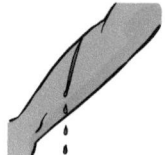

de Blöden

la hemorragia

de Hartinfarkt

el infarto

de Slaganfall

el ictus

de Allergie

la alergia

de Hoosten

la tos

dat Fever

la fiebre

de Gripp

la gripe

de Dörchfall

la diarrea

de Koppwehdaag

el dolor de cabeza

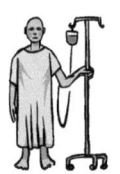

de Kreeft

el cáncer

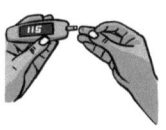

de Zuckersüük

la diabetes

de Chirurg

el cirujano

dat Chirurgsch Mess

el bisturí

de Operatschoon

la operación

dat CT

TAC

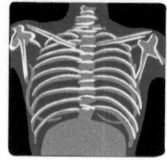

de Dörchlüchten

los rayos x

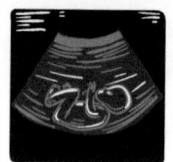

de Ultraschall

el ultrasonido

de Mask

la mascarilla

de Krankheit

la enfermedad

de Töövruum

la sala de espera

de Krück

la muleta

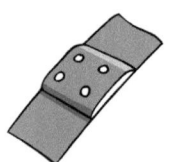

dat Plaaster

la tirita

de Verband

la venda

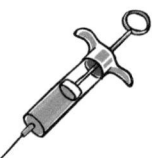

de Insprütten

la inyección

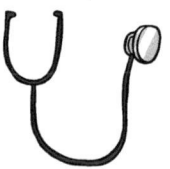

dat Stethoskop

el estetoscopio

de Draag

la camilla

dat Feverthermometer

el termómetro

de Geboort

el nacimiento

dat Övergewicht

el sobrepeso

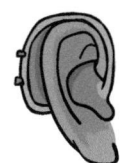

de Höörapparat

el audífono

dat Kiemfriemiddel

el desinfectante

de Ansteken

la infección

de Virus

el virus

dat HIV / AIDS

VIH / SIDA

dat Heelmiddel

la medicina

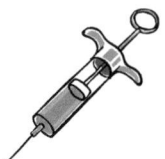

de Impen

la vacunación

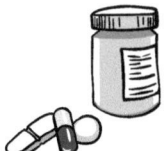

de Tabletten

las tabletas

de Pill

la pastilla

de Nootroop

la llamada de urgencia

de Blootdruck-Meter

el tensiómetro

krank / gesund

enfermo / sano

Hölp!

¡Socorro!

de Alarm

la alarma

de Överfall

el asalto

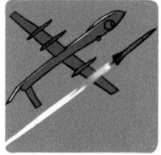

de Angreep

el ataque

de Gefohr

el peligro

de Nootutgang

la salida de emergencia

dat Füer!

¡Fuego!

de Füerlöscher

el extintor de incendios

de Unfall

el accidente

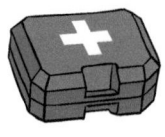

de Noothölpkoffer

el botiquín de primeros auxilios

SOS

SOS

de Polizei

la policía

Europa

Europa

Noordamerika

Norteamérica

Süüdamerika

Sudamérica

Afrika

África

Asien

Asia

Australien

Australia

de Atlantik

el atlántico

de Pazifik

el Pacífico

dat Indisch Weltmeer

el Océano Índico

dat Antarktisch Weltmeer

el Océano Antártico

dat Arktisch Weltmeer

el Océano Ártico

de Noordpol

el polo norte

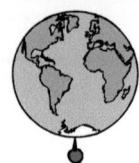

de Süüdpol

el polo sur

de Antarktis

La Antártida

de Eerd

la tierra

dat Land

la tierra

de See

el mar

dat Eiland

la isla

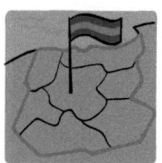

de Natschoon

la nación

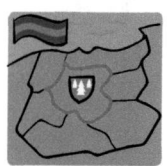

de Staat

el estado

dat Tallenblatt

la esfera

de Stunnenwieser

la manecilla de las horas

de Minutenwieser

el minutero

de Sekunnenwieser

el segundero

Wo laat is dat?

¿Qué hora es?

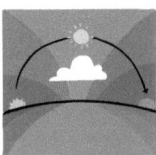

de Dag

el día

de Tiet

el tiempo

nu

ahora

de digetaalsch Klock

el reloj digital

de Minuut

el minuto

de Stunn

la hora

la semana

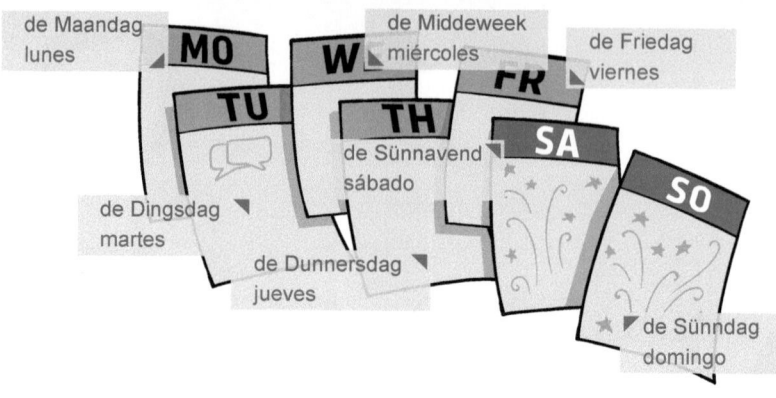

de Maandag
lunes

de Middeweek
miércoles

de Friedag
viernes

de Dingsdag
martes

de Dunnersdag
jueves

de Sünnavend
sábado

de Sünndag
domingo

güstern

ayer

hüüt

hoy

morgen

mañana

de Morgen

la mañana

de Meddag

el mediodía

de Avend

la tarde

de Arbeitsdaag

los días laborables

dat Wekenenn

el fin de semana

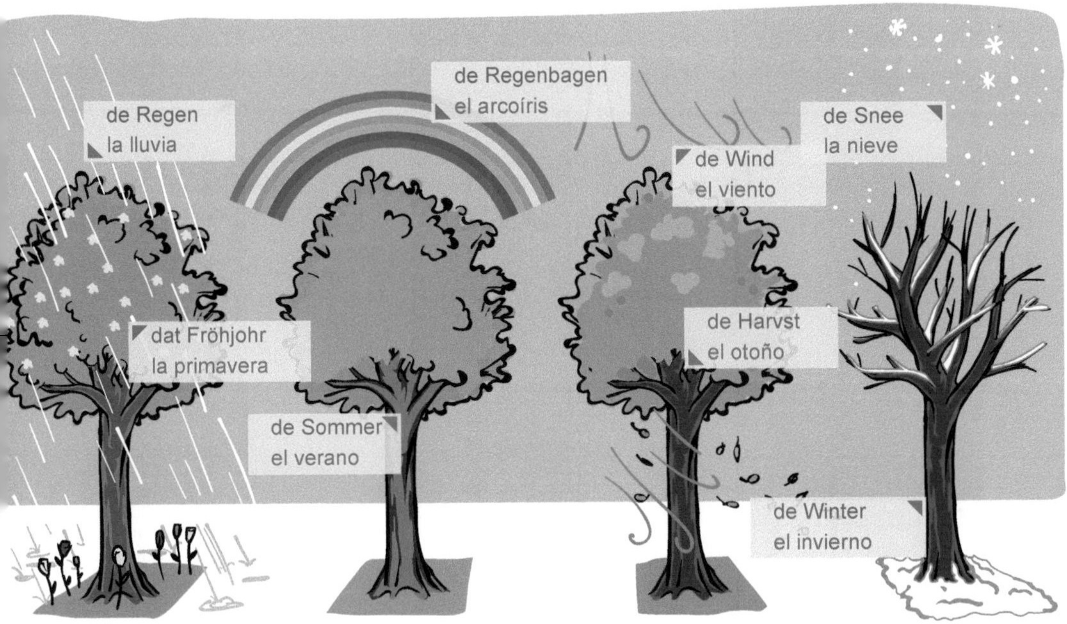

de Regen
la lluvia
de Regenbagen
el arcoíris
de Snee
la nieve
de Wind
el viento
dat Fröhjohr
la primavera
de Harvst
el otoño
de Sommer
el verano
de Winter
el invierno

4.APRIL 11°
5.APRIL 4°
6.APRIL 13°
7.APRIL 8°
8.APRIL 10°

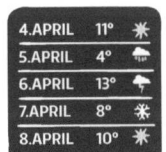

de Wedervörhersaag

el pronóstico del tiempo

F C
120 40
30
90 20
60 10
30 0
0 -10
-30 -20

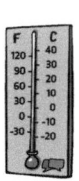

dat Thermometer

el termómetro

de Sünnenschien

el sol

de Wulk

la nube

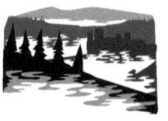

de Nevel

la niebla

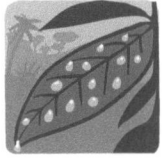

de Luftfuchtigkeit

la humedad

de Blitz

el rayo

de Dunner

el trueno

de Storm

la tormenta

de Hagel

el granizo

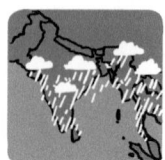

de Monsun

el monzón

de Floot

la inundación

dat les

el hielo

de Januormaand

enero

de Februormaand

febrero

de Martmaand

marzo

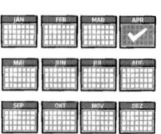

de Aprilmaand

abril

de Maimaand

mayo

de Junimaand

junio

de Julimaand

julio

de Augustmaand

agosto

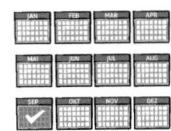

de Septembermaand
....
septiembre

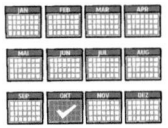

de Oktobermaand
....
octubre

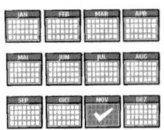

de Novembermaand
....
noviembre

de Dezembermaand
....
diciembre

de Krink
....
el círculo

dat Quadrat
....
el cuadrado

dat Rechteck
....
el rectángulo

dat Dreeeck
....
el triángulo

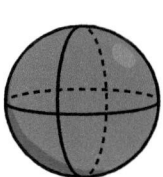

de Kugel
....
la esfera

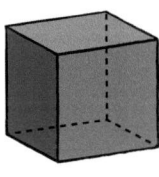

de Wörpel
....
el cubo

witt

blanco

geel

amarillo

orangsch

anaranjado

pink

rosa

root

rojo

lila

morado

blau

azul

gröön

verde

bruun

marrón

gries

gris

swart

negro

veel / wenig

mucho / poco

böös / verdreeglich

enojado / tranquilo

smuck / mies

bonito / feo

de Begünn / dat Enn

principio / fin

groot / lütt

grande / pequeño

hell / düüster

claro / oscuro

de Broder / de Süster

el hermano / la hermana

schier / schietig

limpio / sucio

kumpleet / nich kumpleet

completo / incompleto

de Dag / de Nacht

el día / la noche

doot / lebennig

muerto / vivo

breet / small

ancho / estrecho

geneetbor / nich geneetbor

comestible / no comestible

böös / fründlich

malo / amable

fickerig / langwielt

entusiasmado / aburrido

dick / dünn

gordo / delgado

toeerst / toletzt

primero / último

de Fründ / de Fiend

el amigo / el enemigo

vull / leddig

lleno / vacío

hart / week

duro / blando

swoor / licht

pesado / ligero

de Smacht / de Döst

el hambre / la sed

krank / gesund

enfermo / sano

nich na't Recht / na't Recht

ilegal / legal

klook / dummerhaftig

inteligente / tonto

linkerhand / rechterhand

izquierda / derecha

neeg / feern

cerca / lejos

nieg / bruukt
nuevo / usado

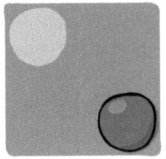

nix / wat
nada / algo

oolt / jung
viejo / joven

an / ut
encendido / apagado

apen / slaten
abierto / cerrado

lies / luut
silencioso / ruidoso

riek / arm
rico / pobre

richtig / verkehrt
correcto / incorrecto

ruug / glatt
áspero / suave

trurig / glücklich
triste / contento

kort / lang
corto / largo

suutje / flink
lento / rápido

natt / dröög
húmedo / seco

warm / köhl
cálido / frío

de Krieg / de Freden
guerra / paz

0	**1**	**2**
null	een	twee
cero	uno	dos

3	**4**	**5**
dree	veer	fief
tres	cuatro	cinco

6	**7**	**8**
söss	söven	acht
seis	siete	ocho

9	**10**	**11**
negen	teihn	ölven
nueve	diez	once

12
twölf
doce

13
dörteihn
trece

14
veerteihn
catorce

15
föffteihn
quince

16
sössteihn
dieciséis

17
söventeihn
diecisiete

18
achtteihn
dieciocho

19
negenteihn
diecinueve

20
twintig
veinte

100
hunnert
cien

1.000
dusend
mil

1.000.000
million
el millón

dat Engelsch

el inglés

dat Amerikaansch Engelsch

el inglés americano

dat Chineesch Mandarin

el chino madarín

dat Hindi

el hindi

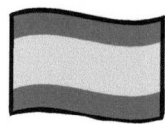

dat Spaansch

el español

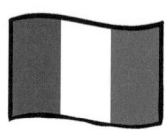

dat Franzöösch

el francés

dat Araabsch

el árabe

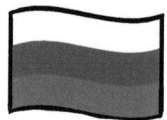

dat Rusch

el ruso

dat Portugiesch

el portugués

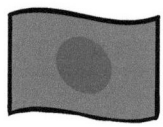

dat Bengaalsch

el bengalí

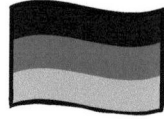

dat Düütsch

el alemán

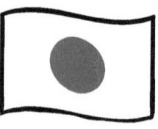

dat Japaansch

el japonés

ik
....
yo

du
....
tú

he / se / dat
....
él / ella / ello

wi
....
nosotros/as

ji
....
vosotros/as

se
....
ellos/as

keen?
....
¿quién?

wat?
....
¿qué?

woans?
....
¿cómo?

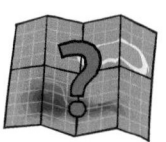

woneem?
....
¿dónde?

wannehr?
....
¿cuándo?

de Naam
....
el nombre

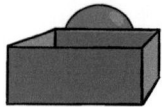

achter

detrás

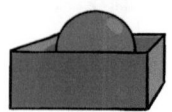

in

en

vör

delante de

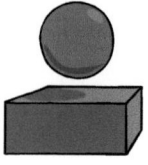

över

por encima de

op

sobre

ünner

debajo de

blangen

junto a

twüschen

entre

de Oort

el lugar